IT'S YOUR TURN!

flip book game

Share your story

Flip the page . . .

to build stronger connections and relationships

IT'S YOUR TURN!
flip book game

ULTIMATE GOAL

The goal of the "It's your turn" flip book game is to facilitate deep and meaningful conversations between players, while encouraging active listening and empathy.

The game is designed to promote thoughtful reflection and encourage players to share their personal experiences, values, and beliefs in a SAFE and NON-JUDGEMENTAL environment.

As players flip through the pages, they will be prompted with thought-provoking questions that challenge them to consider different perspectives and explore topics that are often overlooked in casual conversation.

By the end of the game, there will be no winners or losers, but players will gain a deeper understanding of each other and build a stronger sense of connection and relationships.

•••••••••••••••

Is there something
that you've always wanted to (try)
but haven't had the chance to?

•••••••••••••••

• • • • • • • • • • • • • •

What is one thing you're proud of
that you've never told anyone?

• • • • • • • • • • • • • •

• • • • • • • • • • • • •

What is one thing you've
always wanted to learn?

• • • • • • • • • • • • •

•••••••••••••••

Something you wish you could tell to your younger self?

•••••••••••••••

•••••••••••••••

Something you wish
people knew about you?

•••••••••••••••

●●●●●●●●●●●●●●

What is the best piece of advice
you have ever received?

●●●●●●●●●●●●●●

••••••••••••••••

What is something that people might be surprised to know about you?

••••••••••••••••

• • • • • • • • • • • • • •

Tell us your favorite memory with the person beside you?

• • • • • • • • • • • • • •

●●●●●●●●●●●●●●

Is there any expensive thing you bought and then you regret buying?

●●●●●●●●●●●●●●

• • • • • • • • • • • • • •

What is something incredibly immature that you ~~won't stop~~ doing?

• • • • • • • • • • • • • •

• • • • • • • • • • • • • •

If you knew you would
die tomorrow, how would you
spend your today?

• • • • • • • • • • • • • •

• • • • • • • • • • • • • •

How did you cope
with your last heartbreak?

• • • • • • • • • • • • • •

• • • • • • • • • • • • • • •

When was the last time
you broke someones heart?

• • • • • • • • • • • • • • •

• • • • • • • • • • • • • •

In this group, choose a person and say your first impression of him/her

• • • • • • • • • • • • • •

• • • • • • • • • • • • • •

Do you have any
useless talent?

• • • • • • • • • • • • • •

··············
LOVE

What are your love languages?

··············

●●●●●●●●●●●●●●●●

What do you hope
your coworkers say about you
at your farewell party?

●●●●●●●●●●●●●●●●

● ● ● ● ● ● ● ● ● ● ● ● ● ●

If you could change anything
about the way your parents raised you,
what would it be?

● ● ● ● ● ● ● ● ● ● ● ● ● ●

• • • • • • • • • • • • • • •

What is one question you wish people would ask you less?

• • • • • • • • • • • • • • •

• • • • • • • • • • • • • • • •

What did you do as a teenager that makes you cringe now?

• • • • • • • • • • • • • • • •

• • • • • • • • • • • • • •

What if you had the chance
to rekindle a past love,
would you take it?

• • • • • • • • • • • • • •

•••••••••••••••

Have you traveled
to another country alone?
Share your experience

•••••••••••••••

• • • • • • • • • • • • • • • •

What is your favorite way to take care of yourself?

♡

• • • • • • • • • • • • • • • •

• • • • • • • • • • • • • • •

What is your favorite
family memory?

• • • • • • • • • • • • • • •

• • • • • • • • • • • • • • • •

Have you ever been betrayed
by someone you trusted?

• • • • • • • • • • • • • • • •

•••••••••••••••••

What is something
that you've been avoiding
that you know you need to face?

•••••••••••••••••

•••••••••••••••

What is one thing
you admire about
your parents?

•••••••••••••••

•••••••••••••••

What is the best decision
you have ever made
in your life?

•••••••••••••••

●●●●●●●●●●●●●●●

If you could be any age
for the rest of your life,
what age would you choose?

●●●●●●●●●●●●●●●

If you could have any superpower,
but it had to be completely useless,
what would it be?

• • • • • • • • • • • • • • •

What is something that you're self-conscious about?

• • • • • • • • • • • • • • •

•••••••••••••••

When was the last time you compared yourself to others and who?

•••••••••••••••

•••••••••••••••

What is one lesson you've learned from your siblings?

•••••••••••••••

• • • • • • • • • • • • • • • •

What is one thing you wish
you could change about the world?

• • • • • • • • • • • • • • • •

● ● ● ● ● ● ● ● ● ● ● ● ● ● ●

Is there something that you're working on changing about yourself?

● ● ● ● ● ● ● ● ● ● ● ● ● ● ●

• • • • • • • • • • • • • •

Have you ever cheated
in a relationship?

• • • • • • • • • • • • • •

• • • • • • • • • • • • • • •

What do you find most
challenging about your job?

• • • • • • • • • • • • • • •

• • • • • • • • • • • • • • •

What is your favorite
way to de-stress?

• • • • • • • • • • • • • • •

• • • • • • • • • • • • • •

How do you know when
you are ready to start dating
again after heartbreak?

• • • • • • • • • • • • • •

●●●●●●●●●●●●●●

Who has been
the biggest influence
in your life, and why?

●●●●●●●●●●●●●●

•••••••••••••••

Have you experienced
one-sided love?
What happened?

•••••••••••••••

● ● ● ● ● ● ● ● ● ● ● ● ● ●

What if you had to choose
between (true love) and a successful career,
which would you choose?

● ● ● ● ● ● ● ● ● ● ● ● ● ●

• • • • • • • • • • • • • •

Is there something you would like to do less of in your life?

• • • • • • • • • • • • • •

• • • • • • • • • • • • • • • •

Are you still friends
with any of your exes? ✗

• • • • • • • • • • • • • • • •

● ● ● ● ● ● ● ● ● ● ● ● ● ●

What do you think people automatically assume about you when they look at you?

● ● ● ● ● ● ● ● ● ● ● ● ● ●

••••••••••••••••

What do you most
look forward to about
getting old?

••••••••••••••••

••••••••••••••••

What if you could read
your partner's mind,
would you want to?

••••••••••••••••

• • • • • • • • • • • • • • •

What if you could travel back in time and change one event in history, what would you choose and why?

• • • • • • • • • • • • • • •

•••••••••••••••

In this group, If you could switch lives with anyone for a day, who would it be?

•••••••••••••••

•••••••••••••••

What is something that you wish your family knew about you?

•••••••••••••••

• • • • • • • • • • • • • •

Is there something you would
like to do more of in your life?

• • • • • • • • • • • • • •

•••••••••••••••
What if you had the opportunity
to spend one more day with someone
you loved who has passed away,
what would you do with them?
•••••••••••••••

• • • • • • • • • • • • • • •

For what point in your life
do you feel most grateful

• • • • • • • • • • • • • • •

• • • • • • • • • • • • • • •

Tell us your
embarrassing story

• • • • • • • • • • • • • • •

• • • • • • • • • • • • • • •

Do you think that luck 🍀
plays a role in success?

• • • • • • • • • • • • • • •

● ● ● ● ● ● ● ● ● ● ● ● ● ● ●

What are some warning signs
of a toxic relationship?

● ● ● ● ● ● ● ● ● ● ● ● ● ● ●

●●●●●●●●●●●●●●

When was the last time
you cry and why?

●●●●●●●●●●●●●●

●●●●●●●●●●●●●●

If you have the enough money
to start a business, what kind of
business you want to start and why?

●●●●●●●●●●●●●●

• • • • • • • • • • • • • • •

In this group, choose someone
and name three things
you have in common

• • • • • • • • • • • • • • •

• • • • • • • • • • • • • • •

What is the biggest risk
you've ever taken?
Would you do it again?

• • • • • • • • • • • • • • •

•••••••••••••••••

What is your
pet peeve?

•••••••••••••••••

If you could be famous,
what would you be famous for?

● ● ● ● ● ● ● ● ● ● ● ● ● ●

Have you ever sent
a message to the wrong person?

● ● ● ● ● ● ● ● ● ● ● ● ● ●

• • • • • • • • • • • • • • •

What is the most annoying habit a person can have?

• • • • • • • • • • • • • • •

● ● ● ● ● ● ● ● ● ● ● ● ● ● ●

Where is the most beautiful place you've ever been?

● ● ● ● ● ● ● ● ● ● ● ● ● ● ●

● ● ● ● ● ● ● ● ● ● ● ● ● ● ●

When do you think is the right time to get married?

● ● ● ● ● ● ● ● ● ● ● ● ● ● ●

● ● ● ● ● ● ● ● ● ● ● ● ● ●

Tell us about your favorite
childhood memories

● ● ● ● ● ● ● ● ● ● ● ● ● ●

• • • • • • • • • • • • • • •

When was the last time
you made a new friend?

• • • • • • • • • • • • • • •

●●●●●●●●●●●●●●

When was the last time
you talked about someone
behind their back?

●●●●●●●●●●●●●●

•••••••••••••••

What is the most difficult decision you've ever had to make?

•••••••••••••••

• • • • • • • • • • • • • • •

Have you ever been
in a physical fight?

• • • • • • • • • • • • • • •

●●●●●●●●●●●●●●●

What do you enjoy most
about your job?

●●●●●●●●●●●●●●●

••••••••••••••••

If your ex bf/gf is here
what do you want to
tell him/her

••••••••••••••••

• • • • • • • • • • • • • • •

Have you ever consumed so much alcohol that you passed out?

• • • • • • • • • • • • • • •

• • • • • • • • • • • • • • •

When you want to give up on something, what keeps you moving forward? ⟶

• • • • • • • • • • • • • • •

••••••••••••••••

When was the last time that you felt you are not good enough?

••••••••••••••••

•••••••••••••••

Is there an
apology or forgiveness
you're still waiting?

•••••••••••••••

Do you have any scary travel experience?

• • • • • • • • • • • • • • •

Are you planning to find a new job? Why?

• • • • • • • • • • • • • • •

••••••••••••••••

When can you say
that you're already
successful in life?

••••••••••••••••

•••••••••••••••

Share your best live concert experience

•••••••••••••••

• • • • • • • • • • • • • •

City or Country side?
Mountains or Beaches?

• • • • • • • • • • • • • •

●●●●●●●●●●●●●●●

What's the last thing
you did for the first time?

●●●●●●●●●●●●●●●

If you could be born again
in (any country), as any race,
and as any gender,
what would you choose?

• • • • • • • • • • • • • • •

Did you ever get
peer pressured to do
something bad?

• • • • • • • • • • • • • • •

• • • • • • • • • • • • • • •

Do you know how to play any musical instruments?

• • • • • • • • • • • • • • •

• • • • • • • • • • • • • • •

What is your least favorite
thing about being a man/woman?

• • • • • • • • • • • • • • •

• • • • • • • • • • • • • • •

Do you see yourself having children in the future?

• • • • • • • • • • • • • • •

•••••••••••••••

What's the most ⟨challenging⟩ part about spending time away from your family?

•••••••••••••••

•••••••••••••••

As a child, what did you want to be when you grew up?

•••••••••••••••

• • • • • • • • • • • • • •
What is your biggest
turn-on?
• • • • • • • • • • • • • •

•••••••••••••••
What song always
makes you feel better when
you are feeling down?
•••••••••••••••

• • • • • • • • • • • • • •

What is your favorite
comfort food?

• • • • • • • • • • • • • •

•••••••••••••••

Do you have any tattoos?
What are their meanings?

•••••••••••••••

•••••••••••••••

What's the longest amount of time you've gone without being in a relationship?

•••••••••••••••

•••••••••••••••

What personality trait or quirk
do you think you inherited
from one of your parents?

•••••••••••••••

••••••••••••••••

What is one act of kindness you experienced today?

••••••••••••••••

Printed in Great Britain
by Amazon